초등학교 1학년 읽기 유창성 프로그램

따스함

기초편 ①

교재 음성 파일

따스함 기초편 ❶

초등학교 1학년 읽기 유창성 프로그램

1판 1쇄 발행 2021년 9월 1일
1판 19쇄 발행 2025년 10월 2일

저자 배움찬찬이연구회
편집 김선희
편집지원 전경자 손명식
일러스트 정수현
디자인 정선형
제작 이광우
경영지원 이성경
인쇄 한국학술정보(주)
성우 김선희 김사랑 김정헌
녹음 올제뮤직스튜디오 김용빈
ISBN 979-11-89782-38-2 (63710)
값 8,900원

템북 TEMBOOK
주소 인천 중구 흰바위로59번길 8, 지웰오피스텔 1036호
전화 032-752-7844
팩스 032-752-7840
홈페이지 tembook.kr
출판등록 2018년 3월 9일 제2018-000006호

초등학교 1학년 읽기 유창성 프로그램

따라 읽기 · **스**스로 읽기 · **함**께 읽기

따스함

기초편 ①

배움찬찬이연구회 지음

이 책의 목적

이 책의 목적은 읽기 유창성 향상에 있다. 읽기 유창성은 적절한 속도로 물 흐르듯이 부드럽고 정확하게 읽는 것을 의미한다. 그동안 우리는 아이들이 초등학교에 입학하여 한글을 해득하고, 2학년 정도가 되면 자연스럽고 유창하게 잘 읽을 것이라는 막연한 기대를 가지고 있었다. 하지만 유창하게 읽지 못하는 학생들이 생각보다 많다. 미국의 국가교육통계센터(NAEP)에 의하면, 초등학교 4학년 학생들 중 35%가 유창하게 읽지 못한다고 한다. 이것은 학생들에게 읽기 유창성 교육이 중요하다는 것을 의미한다. 국가읽기위원회(National Reading Panel)는 초등학교 5학년까지 읽기 유창성 교육이 필요하며, 읽기 부진이나 학습 장애 학생에게는 이후에도 읽기 유창성 교육이 도움이 된다고 말하고 있다.

유창하게 읽으면, 아이들은 책을 좋아하게 된다

많은 연구 결과에 의하면 읽기 유창성은 읽기 이해와 매우 높은 상관성을 가지고 있다. 따라서 유창하게 읽지 못한다는 것은 곧 읽기 이해가 낮음을 의미한다. 아마 초등학교 교사라면 물 흐르듯이, 표현을 잘 살려 읽는 학생은 글 내용의 이해도가 높음을 알고 있을 것이다. 반면 유창하게 읽지 못하는 학생은 글 읽기에 인지적 자원을 많이 사용하기 때문에 읽은 후에 내용 파악이 더 어렵다. 이러한 이유로 읽기 유창성을 획득한 아이들은 내용에 더 집중할 수 있고, 결국 책 읽기를 좋아하게 된다. 읽기 교육에서 읽기 유창성은 단어 읽기와 읽기 이해를 연결하는 교량 또는 연결 고리이기에 그 중요성은 더욱 강조되고 있다.

읽기 부진 학생에게 효과가 있다

읽기 유창성 향상을 위한 효과적인 방법은 소리 내어 반복해서 읽기(Guided Repeated Oral Reading)이다. 이 책은 학교 현장에서 '소리 내어 반복해서 읽기'를 효과적으로 적용하기 위해 '시범 읽기'와 '또래 교수'라는 방법을 적용했다. 이를 제주도의 한 학급에서 시작해서 강원도와 인천의 여러 학교에 적용한 결과, 참여한 대부분 학생들의 읽기 능력이 뚜렷하게 향상되었다. 그리고 읽기 유창성과 함께 읽기 이해에도 효과가 있었다. 특히 하위권 학생의 향상이 눈에 띄었다. 처음에는 정확도가, 점점 시간이 지나면서 신속성과 표현력 그리고 이해력까지 향상되었다.

교실과 가정에서 쉽게 활용이 가능하다

이 교재는 학교와 가정에서 쉽고 편리하게 활용할 수 있도록 음성 자료(안내, 시범읽기)를 제공한다. 따라서 온라인 가정학습으로도 활용할 수 있다. 글을 읽고 이해한 정도를 확인하는 문제풀이와 어려운 단어 쓰기 연습도 함께 제공하고 있다. 현장 연구에 참여한 선생님들은 주 3회 이상 꾸준히 적용하는 것이 가장 중요하다고 보았다. 처음에는 잘 모르다가 어느새 점점 학생들이 유창하게 읽는 모습을 보이고, 한 달 이상 지나면 눈에 띄게 발전하며, 두 달이 되면 학생들의 전반적인 읽기 능력이 향상된다고 말했다.

교실에 있는 우리 아이들을 위해 만들었다

배움찬찬이연구회에서 처음부터 읽기 유창성에 관심을 가졌던 것은 아니다. 한글을 읽지 못하던 학생이 한글을 성공적으로 해득하면, 가르치는 교사와 부모 모두 학생이 부드럽고 유창하게 읽기를 기대하게 된다. 이렇게 읽기가 어려운 아이들을 따라가다 보니 현장에서 쉽게 활용할 수 있는 체계적인 유창성 프로그램이 필요하다는 것을 알게 되었다. 무엇보다 이 책이 다문화 가정과 환경적으로 독서 경험이 부족한 학생들의 읽기 발달에 도움이 되길 기대한다.

저자를 대표하여, 김중훈

활용 방법

이 교재는 학교와 가정에서 학생이 편리하게 사용할 수 있도록 음성 파일을 제공하고 있다. 구체적인 활용 방법은 아래와 같다.

1. 음성 파일
- www.basic123.net
- QR 코드를 통한 실행

2. 교재의 음성 파일 순서
① 시범 읽기 : 선생님 (시범)
② 따라 읽기 : 선생님 (시범) + 학생 (따라 읽기)
③ 스스로 읽기 또는 함께 읽기

3. 학생 스스로 읽기 연습 과정 표시하기

※ 열심히 연습하고 □안에 동그라미표 하세요.

1. 들으며 읽기	2. 따라 읽기	3. 짝과 함께 읽기		4. 스스로 연습하기
		학생 역할	선생님 역할	

※<3. 짝과 함께 읽기>는 상황에 따라 <4. 스스로 연습하기>(3회)로 전환하여 진행할 수 있다.

4. 확인하기 및 쓰기
- [확인하기]는 본문을 읽고, 읽기 이해를 점검하는 단계이다. 차시별로 2개의 내용 확인문제가 있다.
- [쓰기]는 헷갈리기 쉬운 받침 단어를 선정하여 쓰기 연습을 제공한다.

5. 도전하기 (선택 활동)

[도전하기]는 선택 활동으로 읽기 유창성 향상 정도를 확인할 수 있다.
음성파일을 듣기 전(출발)과 쓰기 활동이 끝난 후(도달) 글을 소리 내어 읽도록 한다.
걸린 시간과 틀린 어절 수를 기록하여 향상도를 알 수 있다.

도전하기

출발	걸린 시간	___분 ___초	도달	걸린 시간	___분 ___초
	틀린 어절 수	_____ 어절		틀린 어절 수	_____ 어절

6. 선생님용 부록

선생님용 부록(82페이지)에는 사전 평가, 사후 평가, 형성평가에 대한 안내 및 점검표가 있다.
이를 통해 학생의 읽기 향상 정도를 확인할 수 있다.

교재 구성

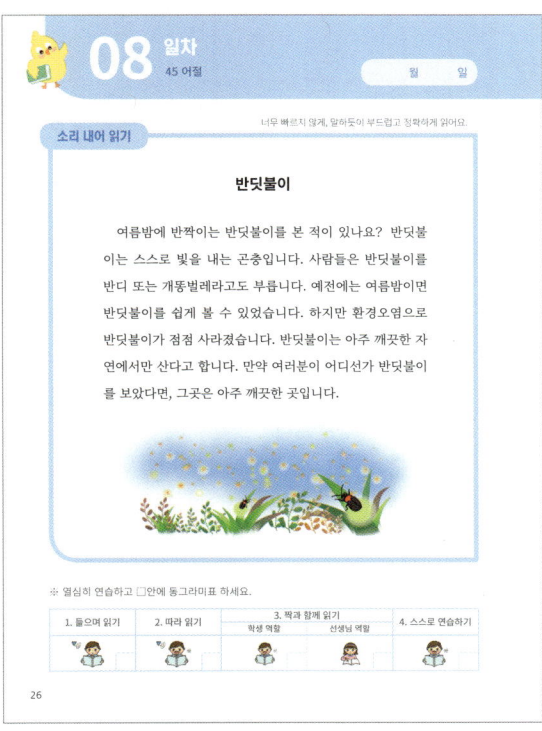

▶ 날짜별 차시와 어절 수가 표시되어 있다.

▶ 본문
설명글, 이야기글, 동시가 있다.

▶ 삽화
내용에 따라 이해를 돕는 삽화가 있다.

▶ 읽기 연습 과정을 스스로 표시하기

▶ 확인하기
읽은 내용을 잘 이해하였는지 점검한다.

▶ 쓰기
헷갈리기 쉬운 받침 단어를 선정하여 쓰기 연습을 한다.

▶ 도전하기
읽기 유창성 향상도를 확인할 수 있다.

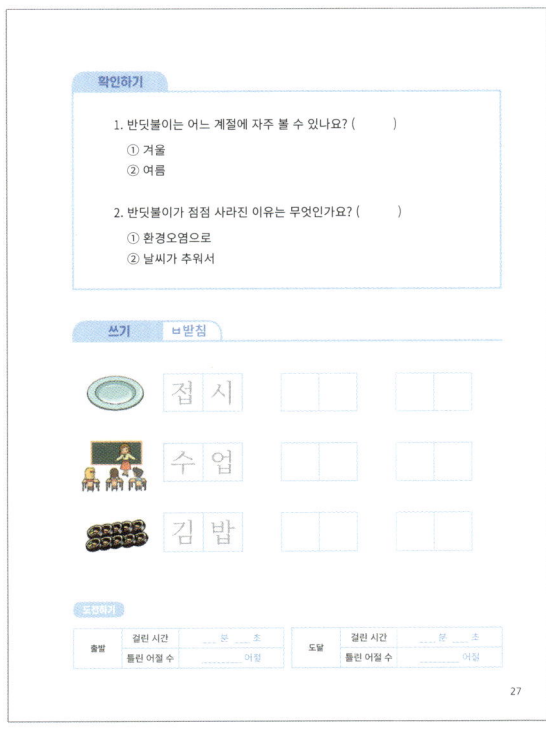

차례

함께 노래해요

순서	갈래	글의 제목	쓰기 연계	쪽
1	동시	참새	받침 ㅁ	12
2	동시	기분 좋은 날	받침 ㄱ	14
3	동시	화나요	받침 ㅇ	16
4	설명문	주렁주렁 감자	받침 ㅁ	18
5	동시	내 친구	받침 ㅂ	20
6	이야기	슬퍼요	받침 ㄴ	22
7	이야기	첫 여름방학	받침 ㄷ	24
8	설명문	반딧불이	받침 ㅂ	26
9	동시	가을 사세요	받침 ㄹ	28
10	이야기	양말	받침 ㅇ	30
형성평가	이야기글	숨바꼭질		32
형성평가	설명글	개미		33

함께 이야기해요

순서	갈래	글의 제목	쓰기 연계	쪽
11	이야기	보건실	받침 ㄷ	36
12	이야기	화장실	받침 ㅍ	38
13	이야기	우산	받침 ㄹ	40
14	설명문	얼음 땡	받침 ㄲ	42
15	이야기	신나는 바깥 놀이	받침 ㅌ	44
16	이야기	우리 반 동물원	받침 ㅎ	46

순서	갈래	글의 제목	쓰기 연계	쪽
17	이야기	급식실	받침 ㅈ	48
18	설명문	옥수수	받침 ㅍ	50
19	이야기	외갓집	받침 ㄲ	52
20	이야기	우리 반 첫 온라인 수업	받침 ㅎ	54
형성평가	이야기글	나의 첫 통장		56
형성평가	설명글	피아노		57

함께 배워요

순서	갈래	글의 제목	쓰기 연계	쪽
21	설명문	독도	겹받침	60
22	설명문	시계	받침 ㅅ	62
23	이야기	봉숭아 꽃물	받침 ㅊ	64
24	이야기	양말 도깨비	받침 ㅈ	66
25	설명문	나비의 멋진 날개	겹받침	68
26	이야기	줄넘기 연습	겹받침	70
27	설명문	꿀벌	겹받침	72
28	이야기	이모의 결혼식	겹받침	74
29	설명문	재주 많은 고양이	받침 ㅅ	76
30	이야기	이놈과 주인장	받침 ㅋ	78

선생님용 부록	점검표, 사전 평가, 사후 평가	82

1

함께 노래해요

참새

기분 좋은 날

화나요

주렁주렁 감자

내 친구

슬퍼요

첫 여름방학

반딧불이

가을 사세요

양말

01 일차
29어절

소리 내어 읽기

너무 빠르지 않게, 말하듯이 부드럽고 정확하게 읽어요.

참새

윤동주

가을 지난 마당은 하얀 종이
참새들이 글씨를 공부하지요

째액 째액 입으로 받아 읽으며
두 발로는 글씨를 연습하지요

하루 종일 글씨를 공부하여도
짹자 한 자 밖에는 더 못쓰는걸

※ 열심히 연습하고 □안에 동그라미표 하세요.

1. 들으며 읽기	2. 따라 읽기	3. 짝과 함께 읽기		4. 스스로 연습하기
		학생 역할	선생님 역할	

확인하기

1. 참새들은 무엇을 하고 있나요? (   )
   ① 글씨 공부
   ② 수학 공부

2. 참새는 어디에서 글씨 공부를 하나요? (   )
   ① 마당에서
   ② 지붕에서

쓰기 ㅁ받침

 | 참 | 새 |  |

 | 감 | 기 |  |

| 김 | 치 |

※ 시를 읽을 때는 시간을 재지 않아요. 글을 읽고 잘했다고 생각한 부분에 ○표 해봅시다.

노래하듯이 읽었다.	느낌을 살려 읽었다.	띄어 읽기를 잘했다.

02 일차
35어절

월 일

소리 내어 읽기

너무 빠르지 않게, 말하듯이 부드럽고 정확하게 읽어요.

기분 좋은 날

오늘은 내 친구 푸름이랑 자전거를 탔다.
친구와 같이 자전거를 타니까 기분이 좋았다.

하하하 히히히
웃으며 신나게 놀았다.

친구가 웃으니까
나도 웃음이 난다.

다음에 또 놀러 와야겠다.
친구와 함께라면
매일매일 신나고 좋은 날이다.

※ 열심히 연습하고 □안에 동그라미표 하세요.

1. 들으며 읽기	2. 따라 읽기	3. 짝과 함께 읽기		4. 스스로 연습하기
		학생 역할	선생님 역할	

확인하기

1. 나는 누구와 자전거를 탔나요? (   )
   ① 푸름이
   ② 소원이

2. 내가 기분이 좋은 이유는 무엇인가요? (   )
   ① 친구와 함께 놀아서
   ② 놀기 좋은 날씨라서

쓰기   ㄱ받침

 약국

 수박

 국자

※ 시를 읽을 때는 시간을 재지 않아요. 글을 읽고 잘했다고 생각한 부분에 ○표 해봅시다.

노래하듯이 읽었다.	느낌을 살려 읽었다.	띄어 읽기를 잘했다.

03 일차
41어절

소리 내어 읽기

너무 빠르지 않게, 말하듯이 부드럽고 정확하게 읽어요.

화나요

나는 가끔 화나요.
왜 화가 날까요?

열심히 한 숙제를 집에 두고 오면 화나요.
친구들이 나를 놀리면 화나요.
동생이 내 장난감을 망가뜨리면 화나요.

화가 날 때는 이렇게 해요.

눈을 감고
하나, 둘, 셋을 세요.
셋을 세며 기다리면 화가 달아나요.
마음이 편안해져요.

※ 열심히 연습하고 □안에 동그라미표 하세요.

1. 들으며 읽기	2. 따라 읽기	3. 짝과 함께 읽기		4. 스스로 연습하기
		학생 역할	선생님 역할	

확인하기

1. 친구들이 놀리면 기분이 어떤가요? (   )

   ① 화나요.
   ② 기뻐요.

2. 화가 날 때 하나, 둘, 셋을 세면 어떻게 되나요? (   )

   ① 마음이 다시 편안해져요.
   ② 마음이 다시 슬퍼져요.

쓰기 ㅇ받침

 | 지 | 붕 | | | | |

 | 동 | 생 | | | | |

 | 장 | 난 | 감 | | | | | |

※ 시를 읽을 때는 시간을 재지 않아요. 글을 읽고 잘했다고 생각한 부분에 ○표 해봅시다.

노래하듯이 읽었다.	느낌을 살려 읽었다.	띄어 읽기를 잘했다.

04 일차
40어절

월   일

소리 내어 읽기

너무 빠르지 않게, 말하듯이 부드럽고 정확하게 읽어요.

주렁주렁 감자

감자는 어디서 날까요? 감자나무에서 나는 것일까요? 엄마가 사 온 감자를 생각해 보세요. 시장에서 파는 감자에는 흙이 묻어 있어요. 바로 감자가 땅속에서 나기 때문이에요. 감자는 땅속의 줄기가 굵어진 것이에요. 땅을 파서 주렁주렁 열린 감자를 캐요. 감자는 땅이 주는 선물이에요.

※ 열심히 연습하고 □안에 동그라미표 하세요.

1. 들으며 읽기	2. 따라 읽기	3. 짝과 함께 읽기		4. 스스로 연습하기
		학생 역할	선생님 역할	

확인하기

1. 감자는 어디에서 자라나요? (   )

   ① 나무
   ② 땅속

2. 감자는 어디가 굵어진 것일까요? (   )

   ① 줄기
   ② 뿌리

쓰기   ㅁ받침

 | 감 자 |  |

 | 염 소 |  |

 | 튀 김 |  |

도전하기

출발	걸린 시간	___분 ___초	도달	걸린 시간	___분 ___초
	틀린 어절 수	_____ 어절		틀린 어절 수	_____ 어절

05 일차
45어절

월　　　일

소리 내어 읽기

너무 빠르지 않게, 말하듯이 부드럽고 정확하게 읽어요.

내 친구

내 친구는 동물들을 많이 그려요.
친구의 스케치북에는 동물 그림이 가득해요.
마음을 이야기하기 어려울 때
동물을 그려요.

친구는 어떤 동물로 마음을 그릴까요?
화가 났을 때는 코뿔소를 그려요.
기분이 좋을 때는 토끼를 그려요.
슬플 때는 거북이를 그려요.

이야기하지 않아도 다 알 수 있어요.
우리는 친구니까요.

※ 열심히 연습하고 □안에 동그라미표 하세요.

1. 들으며 읽기	2. 따라 읽기	3. 짝과 함께 읽기		4. 스스로 연습하기
		학생 역할	선생님 역할	

확인하기

1. 내 친구는 무엇을 많이 그리나요? (   )
   ① 동물
   ② 친구

2. 내 친구는 화났을 때 무엇을 그리나요? (   )
   ① 토끼
   ② 코뿔소

쓰기   ㅂ받침

 서 랍

 지 갑

 구 급 차

※ 시를 읽을 때는 시간을 재지 않아요. 글을 읽고 잘했다고 생각한 부분에 ○표 해봅시다.

노래하듯이 읽었다.	느낌을 살려 읽었다.	띄어 읽기를 잘했다.

06 일차
51어절

소리 내어 읽기

너무 빠르지 않게, 말하듯이 부드럽고 정확하게 읽어요.

슬퍼요

슬퍼요. 몸에 힘이 빠지고, 눈에서 눈물이 나요. 슬플 때는 울어도 좋아요. 실컷 울고 나면 마음이 조금 편안해져요. 부모님이나 친구들에게 슬픈 마음을 말하고 위로를 받아도 좋아요. 지금 위로해 줄 사람이 없나요? 그렇다면 두 팔을 겹쳐서 가슴 위에 올려 보세요. 그리고 자신을 토닥토닥 위로해 보세요. 이렇게 스스로 위로해도 슬픈 마음이 곧 편안해진답니다.

※ 열심히 연습하고 □안에 동그라미표 하세요.

1. 들으며 읽기	2. 따라 읽기	3. 짝과 함께 읽기		4. 스스로 연습하기
		학생 역할	선생님 역할	

확인하기

1. 언제 몸에 힘이 빠지고, 눈물이 나나요? (　　)

    ① 슬플 때
    ② 기쁠 때

2. 슬플 때 어떻게 하면 좋을까요? (　　)

    ① 부모님이나 친구들에게 슬픈 마음을 말해요.
    ② 아무에게도 말하지 않아요.

쓰기   ㄴ받침

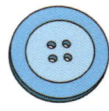  

도전하기

출발	걸린 시간	___분 ___초	도달	걸린 시간	___분 ___초
	틀린 어절 수	_____어절		틀린 어절 수	_____어절

07 일차
44어절

월   일

소리 내어 읽기

너무 빠르지 않게, 말하듯이 부드럽고 정확하게 읽어요.

첫 여름방학

내일부터 여름방학이다. 초등학교에서 하는 첫 방학이다. 여름방학 동안 무엇을 할까? 먼저 할아버지 댁에 가고 싶다. 할아버지와 자전거를 타고, 물놀이도 하고 싶다. 물총도 가져가서 실컷 놀고 싶다. 여름방학에 할 것을 생각하니 잠이 오지 않는다. 설레고 행복한 밤이다. 와! 정말 기대된다. 나의 첫 여름방학!

※ 열심히 연습하고 □안에 동그라미표 하세요.

1. 들으며 읽기	2. 따라 읽기	3. 짝과 함께 읽기		4. 스스로 연습하기
		학생 역할	선생님 역할	

확인하기

1. 내일부터 어떤 날인가요? (   )

   ① 방학

   ② 개학

2. 여름방학에 가고 싶은 곳은 어디인가요? (   )

   ① 할아버지 댁

   ② 고모 댁

쓰기   ㄷ 받침

 | 받 | 다 |

 | 돋 | 보 | 기 |

| 숟 | 가 | 락 |

도전하기

출발	걸린 시간	___ 분 ___ 초	도달	걸린 시간	___ 분 ___ 초
	틀린 어절 수	_____ 어절		틀린 어절 수	_____ 어절

08 일차
45어절

월　　　일

소리 내어 읽기

너무 빠르지 않게, 말하듯이 부드럽고 정확하게 읽어요.

반딧불이

여름밤에 반짝이는 반딧불이를 본 적이 있나요? 반딧불이는 스스로 빛을 내는 곤충입니다. 사람들은 반딧불이를 반디 또는 개똥벌레라고도 부릅니다. 예전에는 여름밤이면 반딧불이를 쉽게 볼 수 있었습니다. 하지만 환경오염으로 반딧불이가 점점 사라졌습니다. 반딧불이는 아주 깨끗한 자연에서만 산다고 합니다. 만약 여러분이 어디선가 반딧불이를 보았다면, 그곳은 아주 깨끗한 곳입니다.

※ 열심히 연습하고 □안에 동그라미표 하세요.

1. 들으며 읽기	2. 따라 읽기	3. 짝과 함께 읽기		4. 스스로 연습하기
		학생 역할	선생님 역할	

확인하기

1. 반딧불이는 어느 계절에 자주 볼 수 있나요? (   )
   ① 겨울
   ② 여름

2. 반딧불이가 점점 사라진 이유는 무엇인가요? (   )
   ① 환경오염으로
   ② 날씨가 추워서

쓰기   ㅂ받침

 접시

 수업

 김밥

도전하기

출발	걸린 시간	___ 분 ___ 초	도달	걸린 시간	___ 분 ___ 초
	틀린 어절 수	___ 어절		틀린 어절 수	___ 어절

09 일차
54어절

소리 내어 읽기

너무 빠르지 않게, 말하듯이 부드럽고 정확하게 읽어요.

가을 사세요

어느새 무더운 여름이 지나갔어요.
시원한 바람이 부는 가을이 왔어요.

가을 사세요, 가을 사세요.
까슬까슬한 가시 속에 숨겨진
토실토실 맛 좋은 알밤 사세요.

가을 사세요, 가을 사세요.
노란 은행잎, 붉은 단풍잎
울긋불긋 아름답게 물든 단풍 사세요.

가을 사세요, 가을 사세요.
구름 한 점 없이 파란 하늘
시원한 바람이 솔솔 부는 가을 하늘 사세요.

※ 열심히 연습하고 □안에 동그라미표 하세요.

1. 들으며 읽기	2. 따라 읽기	3. 짝과 함께 읽기		4. 스스로 연습하기
		학생 역할	선생님 역할	

확인하기

1. 까슬까슬한 가시 속에 숨겨진 것은 무엇인가요? (   )
   ① 알밤
   ② 고슴도치

2. 가을에 볼 수 있는 것은 무엇인가요? (   )
   ① 붉은 단풍잎
   ② 하얀 눈사람

쓰기   ㄹ받침

 가 을

 토 실

 하 늘

※ 시를 읽을 때는 시간을 재지 않아요. 글을 읽고 잘했다고 생각한 부분에 ○표 해봅시다.

노래하듯이 읽었다.	느낌을 살려 읽었다.	띄어 읽기를 잘했다.

10 일차
54어절

소리 내어 읽기

너무 빠르지 않게, 말하듯이 부드럽고 정확하게 읽어요.

양말

나는 아침에 하얀색 양말을 신고 집을 나섰다. 그리고 우리 반 교실에 들어와서 의자에 앉았다. 의자에 앉으니 실내화로 갈아 신은 내 발이 보였다. 어머나! 양말이 짝짝이다. 한 짝은 하얀색 양말이고 다른 한 짝은 하늘색 줄무늬 양말이다. 정말 이상하다. 집에서는 분명히 똑같은 하얀색 양말을 신었다. 그런데 학교에 와보니 짝짝이다. 이상하다. 양말이 도대체 어디서 바뀐 걸까?

※ 열심히 연습하고 □안에 동그라미표 하세요.

1. 들으며 읽기	2. 따라 읽기	3. 짝과 함께 읽기		4. 스스로 연습하기
		학생 역할	선생님 역할	

확인하기

1. 어디서 양말이 짝짝이라는 것을 알았나요? (　　)

   ① 집에서
   ② 교실에서

2. 양말은 각각 어떤 색이었나요? (　　)

   ① 하얀색과 하늘색 줄무늬
   ② 파란색과 노란색 줄무늬

쓰기 　ㅇ받침

 깡충

 양말

 풍선

도전하기

출발	걸린 시간	___분 ___초	도달	걸린 시간	___분 ___초
	틀린 어절 수	_____어절		틀린 어절 수	_____어절

형성평가
100어절

월　　　일

소리 내어 읽기

너무 빠르지 않게, 말하듯이 부드럽고 정확하게 읽어요.

숨바꼭질

　나는 친구들과 놀이터에서 숨바꼭질을 했다. 숨바꼭질은 내가 제일 좋아하는 놀이이다. 가위바위보를 해서 술래를 정했다.
　"꼭꼭 숨어라. 머리카락 보일라."
　술래가 말하는 동안 우리는 숨어야 한다.
　"다 숨었니?"
　술래가 물었지만 나는 아직 숨을 곳을 찾지 못했다. 나무 뒤에 숨을지, 정글짐 위에 숨을지 고민하다가 결국 미끄럼틀 뒤에 숨었다.
　"찾았다!"
　긴 의자 뒤에 숨어 있던 사랑이가 잡혔다. 내 마음도 두근거렸다.
　"찾았다!"
　술래 몰래 뛰어가던 아린이가 잡혔다. 술래가 친구들을 찾을수록 마음이 더 떨려 왔다. 뚜벅뚜벅, 술래의 발소리가 들렸다. 술래가 나를 찾으러 왔다.
　"찾았다!"
　술래가 미끄럼틀 뒤에서 나를 찾았다. 친구들이 모두 모였다. 다시 가위바위보를 했다. 이번에는 내가 술래다.
　"꼭꼭 숨어라. 머리카락 보일라!"
　숨바꼭질은 정말 재미있다.

도전하기

도전 날짜	걸린 시간	분　　　초
월　　일	틀린 어절 수	어절

1분당 정확하게 읽은 어절 수(WCPM) 구하는 방법	$\dfrac{\text{정확하게 읽은 어절 수}}{\text{걸린 시간(초)}} \times 60 = $ _____

형성평가
100어절

월   일

소리 내어 읽기

너무 빠르지 않게, 말하듯이 부드럽고 정확하게 읽어요.

개미

길가에 떨어진 과자 부스러기 주변에는 개미들이 모여 있습니다. 개미는 자기보다 큰 과자 부스러기도 번쩍 들 수 있습니다. 단단한 턱을 이용해서 무거운 물건도 들 수 있기 때문입니다. 혼자 옮기기 어려울 때는 여럿이 함께 옮깁니다. 그래서 개미는 여러 마리가 함께 삽니다.

개미 중에는 일개미, 병정개미, 여왕개미가 있습니다. 일개미는 먹이를 모으고 알을 돌봅니다. 병정개미는 개미들을 공격하는 적과 싸웁니다. 그래서 다른 개미보다 머리와 턱이 큽니다. 여왕개미는 알을 낳아서 개미의 수를 늘립니다.

개미는 말을 할 수 없지만, 냄새로 대화합니다. 개미가 먹이를 발견하면 냄새 길을 만듭니다. 냄새 길을 따라서 수많은 개미가 먹이 주변으로 모입니다. 개미집이 위험해지면 냄새로 다른 개미들을 부릅니다. 서로를 돕는 개미의 협동심은 대단합니다.

도전하기

도전 날짜	걸린 시간	_____ 분 _____ 초
_____ 월 _____ 일	틀린 어절 수	_____ 어절

1분당 정확하게 읽은 어절 수(WCPM) 구하는 방법	$\dfrac{\text{정확하게 읽은 어절 수}}{\text{걸린 시간(초)}} \times 60 = $ _____

2
함께 이야기해요

보건실

화장실

우산

얼음 땡

신나는 바깥 놀이

우리 반 동물원

급식실

옥수수

외갓집

우리 반 첫 온라인 수업

11 일차
52어절

소리 내어 읽기

너무 빠르지 않게, 말하듯이 부드럽고 정확하게 읽어요.

보건실

점심시간에 운동장에서 친구들과 놀다가 넘어졌다.

"아, 아파."

무릎에서 피가 났다. 너무 아파서 울음이 날 것 같았지만 참았다. 여기서 울면 넘어진 것보다 더 창피할 것이다.

그때 6학년 누나들이 나타났다. 누나들은 나를 보건실에 데려다주었다. 보건실은 작은 병원 같았다. 하얀 가운을 입은 선생님이 상처를 정성껏 치료해 주셨다. 보건실도 있는 우리 학교가 참 좋다.

※ 열심히 연습하고 □안에 동그라미표 하세요.

1. 들으며 읽기	2. 따라 읽기	3. 짝과 함께 읽기		4. 스스로 연습하기
		학생 역할	선생님 역할	

확인하기

1. 누가 보건실에 데려다주었나요? (   )
   ① 6학년 누나들
   ② 6학년 형들

2. 어디에서 치료를 받았나요? (   )
   ① 과학실
   ② 보건실

쓰기 ㄷ받침

  듣다

 걷다

 닫다

도전하기

출발	걸린 시간	___분 ___초	도달	걸린 시간	___분 ___초
	틀린 어절 수	_____어절		틀린 어절 수	_____어절

12 일차
55어절

소리 내어 읽기

너무 빠르지 않게, 말하듯이 부드럽고 정확하게 읽어요.

화장실

"와! 쉬는 시간이다."

친구들과 신나게 노는데 선생님이 들어오셨다. 이럴 수가! 어느새 수업 시간이 되었다. 부랴부랴 교과서를 꺼냈다. 이번 시간은 국어 시간이었다. 선생님이 국어 책에 나오는 동화를 읽어 주셨다.

그런데 갑자기 화장실에 가고 싶어졌다. 도저히 참을 수 없었다. 나도 모르게 손을 높이 들었다.

"선생님, 화장실에 가고 싶어요!"

앗! 그런데 친구들도 여기저기 손을 들었다.

"저도요!"

"저도요!"

※ 열심히 연습하고 □안에 동그라미표 하세요.

1. 들으며 읽기	2. 따라 읽기	3. 짝과 함께 읽기		4. 스스로 연습하기
		학생 역할	선생님 역할	

확인하기

1. 왜 국어 시간에 화장실을 가고 싶었나요? (   )

   ① 쉬는 시간에 놀다가 화장실을 못 가서
   ② 화장실에 가서 더 놀고 싶어서

2. 다른 친구들의 반응은 어떠했나요? (   )

   ① 국어 책에 나오는 동화를 즐겁게 읽었다.
   ② 친구들도 화장실에 가고 싶다고 했다.

쓰기 ㅍ받침

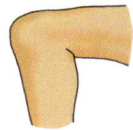  

도전하기

출발	걸린 시간	___분 ___초	도달	걸린 시간	___분 ___초
	틀린 어절 수	_____어절		틀린 어절 수	_____어절

13 일차
55어절

소리 내어 읽기

너무 빠르지 않게, 말하듯이 부드럽고 정확하게 읽어요.

우산

비가 주룩주룩 내리는 아침이다. 학교에 가야 하는데 우리 집 현관에 내 우산이 없다. 내 분홍 우산이 어디에 있을까? 아! 생각났다. 우리 교실 구석의 우산꽂이에 꽂혀 있다. 며칠 전 비가 올 때 쓰고 갔다가 안 가져왔다. 어쩌지? 나는 한참 고민하다가 엄마의 하늘색 우산을 쓰고 나왔다. 엄마는 아빠 우산을 쓰면 되겠지. 잠깐! 그런데 아빠는 누구 우산을 쓰지?

※ 열심히 연습하고 □안에 동그라미표 하세요.

1. 들으며 읽기	2. 따라 읽기	3. 짝과 함께 읽기		4. 스스로 연습하기
		학생 역할	선생님 역할	

확인하기

1. 내 우산은 어디에 있나요? (　　)
   ① 학교 교실
   ② 우리 집 현관

2. 나는 누구의 우산을 쓰고 나왔나요? (　　)
   ① 엄마
   ② 아빠

쓰기　　ㄹ받침

 | 얼 | 굴 |　　

 | 달 | 걀 |　　

 | 출 | 발 |　　

도전하기

출발	걸린 시간	___분 ___초	도달	걸린 시간	___분 ___초
	틀린 어절 수	_____어절		틀린 어절 수	_____어절

14 일차
54어절

월   일

소리 내어 읽기

너무 빠르지 않게, 말하듯이 부드럽고 정확하게 읽어요.

얼음 땡

나는 점심 시간에 운동장으로 나갔다. 친구들도 어느새 와서 함께 놀았다. 우리는 정글짐에서 '얼음 땡'을 하기로 했다. 먼저, '가위바위보'로 술래를 정했다. 술래가 잡으러 오자, 나는 '얼음!'을 외치고 움직이지 않았다. 다른 친구가 '땡!'이라 말하며 내 몸에 손을 대었다. 나는 다시 술래를 피해 움직였다. 아차! '얼음'을 외치기 전에 술래가 나를 잡았다. 이번에는 내가 술래가 되었다.

※ 열심히 연습하고 □안에 동그라미표 하세요.

1. 들으며 읽기	2. 따라 읽기	3. 짝과 함께 읽기		4. 스스로 연습하기
		학생 역할	선생님 역할	

확인하기

1. 친구들과 어디서 놀았나요? (   )

    ① 급식실
    ② 운동장

2. 어떤 놀이를 했나요? (   )

    ① 정글짐
    ② 얼음 땡

쓰기   ㄲ 받침

 낚 시

 묶 다

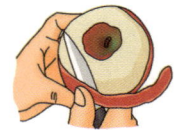 깎 다

도전하기

출발	걸린 시간	___분 ___초	도달	걸린 시간	___분 ___초
	틀린 어절 수	_____어절		틀린 어절 수	_____어절

15 일차
61어절

소리 내어 읽기

너무 빠르지 않게, 말하듯이 부드럽고 정확하게 읽어요.

신나는 바깥 놀이

딩동댕동. 쉬는 시간을 알리는 종이 울려요. 나는 벌떡 일어나 친구들과 교실 밖으로 나가요. 기다리던 바깥 놀이 시간이거든요. 오늘은 놀이터에서 우리 반 친구들과 술래잡기를 해요.

"이번에는 내가 술래야! 셋, 둘, 하나! 시작!"

잡힐 듯 말 듯, 닿을락 말락, 아슬아슬한 달리기가 이어져요. 헉헉, 숨이 가빠요. 땀이 이마에 송골송골 맺혀요. 어느새 친구들과 더 친해진 기분이에요. 내일은 또 어떤 놀이를 할지 기다려져요.

※ 열심히 연습하고 □안에 동그라미표 하세요.

1. 들으며 읽기	2. 따라 읽기	3. 짝과 함께 읽기		4. 스스로 연습하기
		학생 역할	선생님 역할	

확인하기

1. 오늘 나는 친구들과 무엇을 하고 놀았나요? (   )

    ① 술래잡기
    ② 무궁화 꽃이 피었습니다.

2. 바깥 놀이는 어디에서 하나요? (   )

    ① 교실 밖
    ② 교실 안

쓰기   ㅌ 받침

 바깥

 밥솥

 밑

도전하기

출발	걸린 시간	___분 ___초	도달	걸린 시간	___분 ___초
	틀린 어절 수	_____어절		틀린 어절 수	_____어절

소리 내어 읽기

너무 빠르지 않게, 말하듯이 부드럽고 정확하게 읽어요.

우리 반 동물원

어흥 어흥, 꾀꼴 꾀꼴.

우리 반에는 다양한 동물이 있어요. 서진이는 호랑이예요. 목소리가 크고 힘도 세요. 늘 용기가 넘쳐요. 민지는 꾀꼬리예요. 친구들에게 신나는 노래를 많이 불러 줘요. 수아는 토끼예요. 눈이 동그래요. 급식에서 샐러드가 나오면 제일 좋아해요. 그리고 나는 원숭이예요. 친구들이 내가 개그를 하면 참 즐거워해요. 서로 다른 우리 반 친구들이 정말 좋아요.

※ 열심히 연습하고 □안에 동그라미표 하세요.

1. 들으며 읽기	2. 따라 읽기	3. 짝과 함께 읽기		4. 스스로 연습하기
		학생 역할	선생님 역할	

확인하기

1. 민지가 꾀꼬리 같은 이유는 무엇인가요? (　　　)

    ① 목소리가 크고 힘이 세서
    ② 친구들에게 노래를 많이 불러 줘서

2. 나는 왜 원숭이라고 하나요? (　　　)

    ① 내 개그를 친구들이 즐거워해서
    ② 나의 귀가 큰 모습이 원숭이와 닮아서

쓰기   ㅎ받침

 | 좋 | 아 | 요 |

 | 낳 | 아 | 요 |

 | 쌓 | 아 | 요 |

도전하기

출발	걸린 시간	___분 ___초	도달	걸린 시간	___분 ___초
	틀린 어절 수	_____어절		틀린 어절 수	_____어절

급식실

점심시간이 되면 우리 반은 두 줄로 나란히 복도에 선다. 우리는 다함께 복도를 천천히 걷는다. 우리처럼 두 줄로 걷는 다른 반 친구들도 만난다. 그렇게 우리는 모두 급식실로 간다. 와! 맛있는 튀김 냄새가 풍긴다. 오늘은 노랗게 튀겨진 프라이드치킨과 치즈스틱이 나오는 날이다. 나는 튀김 반찬이 나오는 날이 제일 좋다. 나는 급식실이 참 좋다.

"잘 먹겠습니다!"

확인하기

1. 점심시간이면 복도에서 어떻게 있나요? (   )

    ① 두 줄로 나란히 선다.
    ② 점심을 맛있게 먹는다.

2. 나는 어떤 반찬을 제일 좋아하나요? (   )

    ① 튀김 반찬
    ② 채소 반찬

쓰기   ㅈ 받침

 | 벚 | 꽃 |

 | 젖 | 소 |

 | 곶 | 감 |

도전하기

출발	걸린 시간	___분 ___초	도달	걸린 시간	___분 ___초
	틀린 어절 수	_____ 어절		틀린 어절 수	_____ 어절

18 일차
64어절

소리 내어 읽기 너무 빠르지 않게, 말하듯이 부드럽고 정확하게 읽어요.

옥수수

여러분, 옥수수를 좋아하세요? 옥수수는 그대로 쪄서 먹기도 하지만 여러 가지 모양으로 만들 수도 있습니다. 옥수수로 빵이나 과자, 국수를 만들기도 합니다. 옥수수 통조림을 만들어 편리하게 사용하기도 하고, 옥수수로 기름을 짜서 요리도 합니다. 또 옥수수 알이나 옥수수 수염을 말려 볶아 차로 끓여 마십니다. 그뿐만 아니라 옥수수를 자동차의 연료로도 만들 수 있습니다. 작은 옥수수로 정말 많은 일을 할 수 있지요? 옥수수는 많은 곳에 쓰이는 소중한 곡식입니다.

※ 열심히 연습하고 □안에 동그라미표 하세요.

1. 들으며 읽기	2. 따라 읽기	3. 짝과 함께 읽기		4. 스스로 연습하기
		학생 역할	선생님 역할	

확인하기

1. 옥수수를 무엇의 연료로 만들 수 있나요? (   )

   ① 자동차
   ② 우주선

2. 옥수수 수염은 무엇으로 사용하나요? (   )

   ① 빵, 국수를 만듭니다.
   ② 차로 끓여 먹습니다.

쓰기   ㅍ받침

 옆

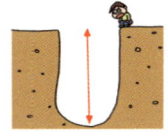 깊 다

 앞 치 마

도전하기

출발	걸린 시간	___분 ___초	도달	걸린 시간	___분 ___초
	틀린 어절 수	_____어절		틀린 어절 수	_____어절

19일차
51어절

소리 내어 읽기

너무 빠르지 않게, 말하듯이 부드럽고 정확하게 읽어요.

외갓집

나는 여름방학에 시골 외갓집에 갔다. 외갓집에 새로운 식구가 생겼다. 보리라는 귀여운 강아지이다. 보리는 나에게 다가와 발가락을 핥아 주었다. 너무 간지러웠다. 나는 매일 보리와 함께 놀았다. 보리와 같이 산책도 하고, 산에도 갔다.

방학이 끝나고 집에 왔다. 이제 외갓집을 생각하면 외할머니, 외할아버지와 함께 보리도 보고 싶다. 아! 벌써 겨울방학이 기다려진다.

※ 열심히 연습하고 □안에 동그라미표 하세요.

1. 들으며 읽기	2. 따라 읽기	3. 짝과 함께 읽기		4. 스스로 연습하기
		학생 역할	선생님 역할	

확인하기

1. 언제 외갓집에 갔나요? (   )
   ① 여름방학
   ② 겨울방학

2. 외갓집의 새로운 식구는 어떤 동물인가요? (   )
   ① 고양이
   ② 강아지

쓰기   ㄲ 받침

 창 밖

 떡 볶 이

 닦 다

도전하기

출발	걸린 시간	___분 ___초	도달	걸린 시간	___분 ___초
	틀린 어절 수	_____어절		틀린 어절 수	_____어절

20 일차
59어절

소리 내어 읽기

너무 빠르지 않게, 말하듯이 부드럽고 정확하게 읽어요.

우리 반 첫 온라인 수업

오늘은 우리 반이 처음으로 온라인 수업을 하는 날이에요. 학교에 갈 때처럼 단정하게 옷을 입었어요. 친구들이 조금씩 입장했어요. 심장이 콩닥콩닥 뛰었어요. 화면에 친구들의 얼굴이 보였어요. 선생님의 말씀이 끝난 뒤, 친구들과 돌아가며 발표를 했어요. 마치 옆에 앉아 있는 것 같았어요. 교실에 모이지 않아도 서로의 얼굴을 볼 수 있어 참 다행이에요. 그래도 친구들과 얼른 교실에서 봤으면 좋겠어요.

※ 열심히 연습하고 □안에 동그라미표 하세요.

1. 들으며 읽기	2. 따라 읽기	3. 짝과 함께 읽기		4. 스스로 연습하기
		학생 역할	선생님 역할	

확인하기

1. 오늘은 어떤 날인가요? (   )

   ① 첫 온라인 수업 날
   ② 2학기 개학식

2. 온라인 수업 때 무엇을 했나요? (   )

   ① 친구들과 돌아가며 발표를 했다.
   ② 친구들과 종이접기로 작품을 만들었다.

쓰기   ㅎ받침

 좋다

 땋다

 놓다

도전하기

출발	걸린 시간	___분 ___초	도달	걸린 시간	___분 ___초
	틀린 어절 수	_____어절		틀린 어절 수	_____어절

형성평가
100어절

월   일

소리 내어 읽기

너무 빠르지 않게, 말하듯이 부드럽고 정확하게 읽어요.

나의 첫 통장

돼지 저금통은 내가 가장 아끼는 보물이다. 부모님께서 주신 용돈을 열심히 아껴서 돼지 저금통에 꾸준히 모았다. 명절마다 받은 용돈도 모았다. 저금한 지 벌써 2년이나 되어 돼지 저금통이 꽤 무거워졌다. 얼마나 모였을까 궁금한 마음이 들었다.

아빠는 통장을 만들면 내가 얼마만큼 저축했는지 알 수 있다고 하셨다. 그래서 아빠와 함께 돼지 저금통을 가지고 은행에 갔다. 은행원에게 돼지 저금통을 드리고 기다리니, 잠시 뒤 귀여운 그림이 그려진 통장을 건네주셨다. 통장 안에는 내 이름이 적혀 있었다. 그동안 내가 모은 용돈이 이렇게 많다니 참 뿌듯했다. 은행원이 그동안 용돈을 잘 모았다고 칭찬을 해주셨다. 첫 통장을 만든 것을 축하한다고 귀여운 인형 선물도 주셨다. 앞으로도 저축하는 습관을 길러야겠다고 다짐했다.

도전하기

도전 날짜	걸린 시간	___ 분 ___ 초
___ 월 ___ 일	틀린 어절 수	___ 어절

1분당 정확하게 읽은 어절 수(WCPM) 구하는 방법

$$\frac{\text{정확하게 읽은 어절 수}}{\text{걸린 시간(초)}} \times 60 = \underline{\qquad}$$

형성평가
100어절

월　　　일

소리 내어 읽기

너무 빠르지 않게, 말하듯이 부드럽고 정확하게 읽어요.

피아노

피아노는 어떻게 아름다운 소리가 날까요? 피아노는 건반을 쳐서 소리 내는 악기입니다. 피아노 안에는 건반마다 작은 나무망치가 있습니다. 건반을 누르면 나무망치가 피아노 안의 쇠로 된 줄을 쳐서 소리가 납니다. 피아노 건반의 수는 모두 88개나 됩니다. 그래서 낮은 소리부터 높은 소리까지 낼 수 있습니다. 여러 개의 건반을 동시에 눌러서 아름답게 어우러진 소리를 만들 수도 있습니다. 피아노는 '악기의 황제'라는 별명을 가지고 있습니다. 피아노는 혼자 연주해도 멋진 음악이 되고, 여러 악기와 함께 연주해도 잘 어울립니다. 우리는 피아노 반주에 맞추어 노래를 부를 수도 있습니다. 때로는 잔잔한 피아노 소리가 우리 마음을 위로하기도 합니다. 신나는 피아노 소리는 우리를 즐겁게 합니다. 그래서 많은 사람이 피아노를 매우 좋아합니다.

도전하기

도전 날짜	걸린 시간	＿＿분 ＿＿초
＿＿월 ＿＿일	틀린 어절 수	＿＿＿＿어절

1분당 정확하게 읽은 어절 수(WCPM) 구하는 방법	$\dfrac{\text{정확하게 읽은 어절 수}}{\text{걸린 시간(초)}} \times 60 = $ ＿＿＿＿

3

함께 배워요

독도

시계

봉숭아 꽃물

양말 도깨비

나비의 멋진 날개

줄넘기 연습

꿀벌

이모의 결혼식

재주 많은 고양이

이놈과 주인장

21일차
60어절

소리 내어 읽기

너무 빠르지 않게, 말하듯이 부드럽고 정확하게 읽어요.

독도

독도는 우리나라의 가장 동쪽에 있는 섬입니다. 독도는 울릉도와 가깝습니다. 날씨가 좋으면 울릉도에서 독도를 볼 수 있습니다.

독도에는 서도와 동도, 여러 개의 바위섬이 있습니다. 동물의 모양을 닮은 토끼 바위, 기린 바위, 코끼리 바위도 있습니다.

독도에는 괭이갈매기, 바다제비와 같은 새들도 많습니다. 가을이 되면 해국이라는 아름다운 꽃도 핍니다. 바다 속에는 빨간 독도새우도 있습니다.

여러분! 우리나라의 아름답고 작은 섬 독도를 꼭 여행해 보세요.

※ 열심히 연습하고 □안에 동그라미표 하세요.

1. 들으며 읽기	2. 따라 읽기	3. 짝과 함께 읽기		4. 스스로 연습하기
		학생 역할	선생님 역할	

확인하기

1. 독도와 가장 가까운 섬은 무엇인가요? (   )

   ① 제주도
   ② 울릉도

2. 독도 바다 속에 사는 새우의 이름은 무엇인가요? (   )

   ① 바다새우
   ② 독도새우

쓰기 겹받침

도전하기

출발	걸린 시간	___분 ___초	도달	걸린 시간	___분 ___초
	틀린 어절 수	_____어절		틀린 어절 수	_____어절

22 일차
74어절

소리 내어 읽기

너무 빠르지 않게, 말하듯이 부드럽고 정확하게 읽어요.

시계

시계는 참 부지런하다. 보통 세 개의 바늘이 움직인다. 그 시곗바늘로 숫자를 가리킨다. 짧은 바늘은 '몇 시'인지, 긴 바늘은 '몇 분'인지 알려 준다. '몇 초'인지 알려 주는 초바늘은 가장 얇다. 똑딱똑딱, 쉬지 않고 움직인다.

시계는 약속을 잘 지킨다. 원하는 시간을 맞추면 알람이 울린다. 덕분에 늦잠을 자지 않고 잘 일어날 수 있다.

시계는 아주 오래전부터 있었다. 옛날에는 해시계, 물시계 같은 시계도 있었다. 지금은 벽시계, 손목시계 그리고 핸드폰 시계도 있다. 똑똑한 시계를 누가 발명했을까? 참 궁금하다.

※ 열심히 연습하고 □안에 동그라미표 하세요.

1. 들으며 읽기	2. 따라 읽기	3. 짝과 함께 읽기		4. 스스로 연습하기
		학생 역할	선생님 역할	

확인하기

1. 시계의 짧은 바늘은 어떤 것을 알려 주나요? (   )

   ① 몇 시
   ② 몇 분

2. 시계가 약속을 잘 지킨다고 말한 이유는 무엇일까요? (   )

   ① 원하는 시간에 알람을 울려 줘서
   ② 역사가 오래되고 종류가 다양해서

쓰기   ㅅ받침

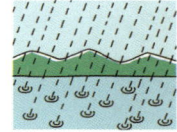  

도전하기

출발	걸린 시간	___분 ___초	도달	걸린 시간	___분 ___초
	틀린 어절 수	_____어절		틀린 어절 수	_____어절

23 일차
65어절

너무 빠르지 않게, 말하듯이 부드럽고 정확하게 읽어요.

소리 내어 읽기

봉숭아 꽃물

할머니 댁 마당에 봉숭아꽃이 피었어요. 나는 봉숭아꽃과 이파리를 따서 절구에 찧었어요. 할머니는 찧은 봉숭아를 손톱에 조금씩 올려서 꽁꽁 싸 주셨어요. 나는 하룻밤을 꼬박 기다렸어요.

다음 날 아침, 꽁꽁 싼 것을 풀어 보니 봉숭아꽃처럼 예쁜 손톱이 되었어요. 손톱마다 색이 조금씩 달라 더 예뻤어요. 할머니와 함께 심은 봉숭아로 손톱을 물들여서 더 뿌듯했어요.

첫눈이 올 때까지 봉숭아 꽃물이 남아 있었으면 좋겠어요. 꽃물이 남아 있으면 소원이 이루어진대요.

※ 열심히 연습하고 □안에 동그라미표 하세요.

1. 들으며 읽기	2. 따라 읽기	3. 짝과 함께 읽기		4. 스스로 연습하기
		학생 역할	선생님 역할	

확인하기

1. 할머니 댁에 핀 꽃은 무슨 꽃인가요? (   )

    ① 해바라기
    ② 봉숭아꽃

2. 왜 첫눈이 올 때까지 꽃물이 남아 있기를 바랄까요? (   )

    ① 소원이 이루어진다고 해서
    ② 다음 해 풍년이 든다고 해서

쓰기   ㅊ받침

도전하기

출발	걸린 시간	___분 ___초	도달	걸린 시간	___분 ___초
	틀린 어절 수	_____어절		틀린 어절 수	_____어절

24 일차
60어절

소리 내어 읽기

너무 빠르지 않게, 말하듯이 부드럽고 정확하게 읽어요.

양말 도깨비

우리 집에는 양말 도깨비가 살아요. 양말 도깨비는 양말을 꼭 한 짝씩만 가져가길 좋아해요. 이번 주에만 벌써 두 개째예요. 곰돌이 양말과 고양이 양말. 내가 좋아하는 양말이 모두 한 짝씩 사라졌어요. 짝을 잃어버린 양말이 점점 많아져서 속상했어요. 그때, 엄마가 양손에 양말을 찾아 들고 오셨어요.

"하늘이 책상 밑에 양말 하나, 침대 밑에 하나가 있었네."

앗, 우리 집 양말 도깨비는 나였나 봐요.

※ 열심히 연습하고 □안에 동그라미표 하세요.

1. 들으며 읽기	2. 따라 읽기	3. 짝과 함께 읽기		4. 스스로 연습하기
		학생 역할	선생님 역할	

확인하기

1. 내가 잃어버린 양말은 무슨 양말인가요? (   )
   ① 곰돌이 양말
   ② 강아지 양말

2. 엄마는 양말을 어디서 찾으셨나요? (   )
   ① 침대 밑
   ② 식탁 밑

쓰기   ㅈ받침

찾다

짖다

낮다

도전하기

출발	걸린 시간	___분 ___초	도달	걸린 시간	___분 ___초
	틀린 어절 수	_____ 어절		틀린 어절 수	_____ 어절

25 일차
84어절

소리 내어 읽기

너무 빠르지 않게, 말하듯이 부드럽고 정확하게 읽어요.

나비의 멋진 날개

나비의 날개는 매우 아름답습니다. 하얀색부터 파란색까지 색깔도 다양합니다. 나비의 날개는 다양한 역할을 합니다.

나비는 날개 덕분에 날 수 있습니다. 겉으로 보기에 날개는 팔랑팔랑 여유로워 보입니다. 하지만, 날개는 일 초에 스무 번이나 움직이며 나비가 날 수 있게 합니다.

그리고 나비의 날개는 나비를 적으로부터 숨겨 줍니다. 나뭇잎처럼 생긴 날개를 접어서 몸을 숨기는 나비도 있습니다. 날개 무늬를 사용해서 그늘에 숨는 나비도 있습니다.

마지막으로, 나비의 날개는 나비가 비에 젖지 않게 해 줍니다. 날개에는 아주 작은 비늘 가루가 있는데, 이 가루들이 빗방울을 튕겨 내기 때문입니다.

※ 열심히 연습하고 □안에 동그라미표 하세요.

1. 들으며 읽기	2. 따라 읽기	3. 짝과 함께 읽기		4. 스스로 연습하기
		학생 역할	선생님 역할	

확인하기

1. 나비의 날개가 비에 젖지 않는 이유는 무엇인가요? (　　)

    ① 비늘 가루 때문에
    ② 빨리 움직이기 때문에

2. 나비는 어떻게 날 수 있나요? (　　)

    ① 날개가 여유있게 팔랑팔랑 움직여서
    ② 날개가 일 초에 스무번이나 움직여서

쓰기　겹받침

 많다

 끊다

 앉다

도전하기

출발	걸린 시간	___분 ___초	도달	걸린 시간	___분 ___초
	틀린 어절 수	_____어절		틀린 어절 수	_____어절

26 일차
72어절

소리 내어 읽기

너무 빠르지 않게, 말하듯이 부드럽고 정확하게 읽어요.

줄넘기 연습

오늘은 학교 놀이터에서 줄넘기 연습을 했다. 한 달 뒤에 학교에서 줄넘기 대회가 열리기 때문이다. 그런데 아무리 연습해도 자꾸만 줄이 발에 걸렸다. 속상하고 힘들었다. 우리 반 친구들은 2단 뛰기도 잘하는데 나는 아직 줄넘기가 어렵다.

그때 옆에서 연습하고 있던 어떤 언니가 나에게 다가왔다. 언니는 줄이 내 키에 비해 조금 짧다고 말해 주었다. 그리고는 줄넘기 줄을 늘여 주었다. 처음보다 줄이 덜 걸렸다. 포기하지 않게 도와준 그 언니가 참 고마웠다. 앞으로 더 열심히 연습해야겠다.

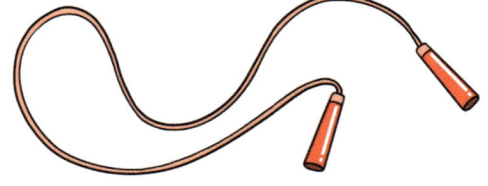

※ 열심히 연습하고 □안에 동그라미표 하세요.

1. 들으며 읽기	2. 따라 읽기	3. 짝과 함께 읽기		4. 스스로 연습하기
		학생 역할	선생님 역할	

확인하기

1. 한 달 뒤에 학교에서 어떤 대회가 열리나요? (   )

    ① 달리기 대회
    ② 줄넘기 대회

2. 언니는 나를 어떻게 도와줬나요? (   )

    ① 줄넘기의 줄을 늘여 주었다.
    ② 줄넘기를 잘하는 방법을 알려 주었다.

쓰기   겹받침

 늙다

 읽다

도전하기

출발	걸린 시간	___ 분 ___ 초	도달	걸린 시간	___ 분 ___ 초
	틀린 어절 수	_____ 어절		틀린 어절 수	_____ 어절

27 일차
76어절

소리 내어 읽기

너무 빠르지 않게, 말하듯이 부드럽고 정확하게 읽어요.

꿀벌

여러분은 꿀벌을 본 적이 있나요? 꿀벌은 '윙윙' 소리를 내며 날아다닙니다. 꿀벌의 노란 줄무늬 배에는 뾰족한 침도 있습니다.

꿀벌은 꽃 사이를 오가며 꽃가루를 옮겨 줍니다. 꿀벌이 꽃가루를 옮겨 줘야 식물이 열매를 맺을 수 있습니다. 우리가 좋아하는 사과와 배가 열리려면 꿀벌이 필요합니다.

그런데 꿀벌이 사라지고 있습니다. 그래서 어떤 과수원에서는 꿀벌을 키우는 사람들에게 꿀벌을 빌려 오기도 합니다. 또 꿀벌 대신 사람이 면봉으로 꽃가루를 옮기기도 합니다.

꿀벌이 모두 사라지면 어떻게 될까요? 꿀벌이 사라지지 않도록 지켜 주려면 어떻게 해야 할까요?

※ 열심히 연습하고 □안에 동그라미표 하세요.

1. 들으며 읽기	2. 따라 읽기	3. 짝과 함께 읽기		4. 스스로 연습하기
		학생 역할	선생님 역할	

확인하기

1. 꿀벌이 하는 역할은 무엇인가요? (   )

    ① 꽃이 예쁘게 피도록 도와준다.
    ② 꽃가루를 옮겨 열매 맺도록 도와준다.

2. 꿀벌이 사라지면 어떻게 되나요? (   )

    ① 꽃이 더 많이 핍니다.
    ② 과일이 열리기 힘듭니다.

쓰기   겹받침

 삶 다

 젊 다

 옮 기 다

도전하기

출발	걸린 시간	___ 분 ___ 초	도달	걸린 시간	___ 분 ___ 초
	틀린 어절 수	_____ 어절		틀린 어절 수	_____ 어절

28 일차
73어절

소리 내어 읽기

너무 빠르지 않게, 말하듯이 부드럽고 정확하게 읽어요.

이모의 결혼식

오늘, 내가 제일 좋아하는 막내 이모가 결혼했다. 우리 가족은 멋진 옷을 입고 결혼식장에 갔다. 결혼식장에는 할머니, 할아버지와 다른 친척도 많았다.

웨딩드레스를 입은 이모는 정말 아름다웠다. 이모 옆에 서 있는 이모부도 매우 멋졌다. 이모부는 이모를 위해 노래를 불렀다. 노래를 듣던 이모는 눈물을 흘렸다. 나는 결혼이 슬픈 게 아닌데 이모가 왜 우는지 궁금했다. 엄마는 행복해도 눈물이 날 수 있다고 알려 주셨다. 이모가 슬픈 게 아니라서 다행이다. 세상에서 제일 예쁜 우리 이모가 행복했으면 좋겠다.

※ 열심히 연습하고 □안에 동그라미표 하세요.

1. 들으며 읽기	2. 따라 읽기	3. 짝과 함께 읽기		4. 스스로 연습하기
		학생 역할	선생님 역할	

확인하기

1. 누구의 결혼식을 다녀왔나요? (   )

   ① 막내 이모
   ② 막내 삼촌

2. 이모가 눈물을 흘린 이유는 무엇인가요? (   )

   ① 이모부의 노래를 듣고 행복해서
   ② 이모부가 슬픈 노래를 불러서

쓰기   겹받침

 많았다

 멋졌다

 흘렸다

도전하기

출발	걸린 시간	___분 ___초	도달	걸린 시간	___분 ___초
	틀린 어절 수	_____어절		틀린 어절 수	_____어절

29 일차
77어절

소리 내어 읽기

너무 빠르지 않게, 말하듯이 부드럽고 정확하게 읽어요.

재주 많은 고양이

사뿐사뿐 걸어 다니는 고양이를 본 적이 있나요? 고양이의 털색은 다양합니다. 치즈처럼 노란색 털의 고양이도 있고, 깜깜한 밤처럼 까만색 털의 고양이도 있습니다.

고양이는 높은 곳을 좋아합니다. 자신의 키보다 아홉 배나 높은 곳도 폴짝 뛰어오릅니다. 고양이의 꼬리는 높은 곳에서 떨어지지 않게 중심을 잡아 줍니다. 그래서 고양이는 담장 위에서도 여유롭게 걸어 다닙니다.

고양이는 작은 구멍으로도 들어갈 수 있습니다. 몸이 유연해서 좁은 틈새로도 들어갈 수 있습니다. 높은 곳부터 좁은 틈새까지 어디든 갈 수 있습니다. 고양이는 정말 재주가 많습니다.

※ 열심히 연습하고 □안에 동그라미표 하세요.

1. 들으며 읽기	2. 따라 읽기	3. 짝과 함께 읽기		4. 스스로 연습하기
		학생 역할	선생님 역할	

확인하기

1. 고양이는 높은 곳에서 어떻게 중심을 잡나요? (   )

    ① 꼬리로 중심을 잡습니다.
    ② 머리로 중심을 잡습니다.

2. 고양이는 어떻게 좁은 틈새로 들어갈 수 있나요? (   )

    ① 고양이의 몸이 유연해서
    ② 고양이의 몸이 날씬해서

쓰기   ㅅ받침

 로봇

 칫솔

 깃발

도전하기

출발	걸린 시간	___ 분 ___ 초	도달	걸린 시간	___ 분 ___ 초
	틀린 어절 수	_____ 어절		틀린 어절 수	_____ 어절

30 일차
80어절

소리 내어 읽기

너무 빠르지 않게, 말하듯이 부드럽고 정확하게 읽어요.

이놈과 주인장

옛날에 장터에서 고기를 파는 가게 주인이 있었어요. 어느 날, 두 양반이 고기를 사러 왔어요. 첫 번째 양반이 말했어요.
"야, 이놈아! 고기 한 근 다오."
가게 주인은 고기를 툭 떼어 주었어요.
두 번째 양반이 말했어요.
"이보시게, 주인장! 여기 고기 한 근만 주시게나."
"예, 손님. 알겠습니다."
가게 주인은 고기를 듬뿍 잘라 주었어요. 그러자 첫 번째 양반이 버럭 소리 지르며 말했어요.
"야, 이놈아! 같은 한 근인데 왜 이리 다르더냐!"
그러자 가게 주인이 대답했어요.
"손님의 고기는 '이놈'이 잘랐고, 이분의 고기는 '주인장'이 잘랐습니다."

※ 열심히 연습하고 □안에 동그라미표 하세요.

1. 들으며 읽기	2. 따라 읽기	3. 짝과 함께 읽기		4. 스스로 연습하기
		학생 역할	선생님 역할	

확인하기

1. 두 양반은 장터에서 무엇을 샀나요? (   )
   ① 고기
   ② 생선

2. 가게 주인은 왜 두 번째 양반에게 고기를 듬뿍 주었을까요? (   )
   ① 돈을 많이 내서
   ② 자신을 존중해 줘서

쓰기   ㅋ받침

 부 엌

 들 녘

 해 질 녘

도전하기

출발	걸린 시간	___분 ___초	도달	걸린 시간	___분 ___초
	틀린 어절 수	_____ 어절		틀린 어절 수	_____ 어절

선생님용 부록

선생님용 부록

이 교재를 활용하기 전에, 학생의 읽기 수준이 어느 정도인지 아는 것은 매우 중요합니다. 출발점을 알기 위한 부록 활용법은 다음과 같습니다.

1. 다음 장에 제시된 사전 평가(이야기글과 설명글)를 소리 내어 읽도록 합니다.

2. 걸린 시간과 정확하게 읽은 어절 수를 아래 <점검표>에 적어 주세요.

3. 한 영역이 끝날 때마다 형성평가 2종(이야기글, 설명글)을 실시합니다.

4. 교재를 다 마친 후 사전 평가와 같은 글을 소리 내어 읽어 봅니다.

5. 성장한 아동에게 큰 격려와 칭찬을 해 주세요.

6. **평가를 위한 참고 기준**

    1~2학년 학년말(12월)을 기준으로 1분당 정확하게 읽은 어절 수(WCPM)는 다음과 같습니다.

수준	최소 수준	보통 수준
1학년	47~52어절	58~63어절
2학년	57~62어절	70~75어절

※ **참고**: 최소 수준 이하는 읽기 부진의 가능성이 높아 집중적인 읽기 지도가 필요합니다.

점검표

평가	날짜	갈래	제목	걸린 시간	정확하게 읽은 어절 수	1분 동안 정확하게 읽은 어절 수
사전	/	이야기글	안데르센	분 초		
	/	설명글	어린이 교통사고	분 초		
형성	/	이야기글	숨바꼭질	분 초		
	/	설명글	개미	분 초		
	/	이야기글	나의 첫 통장	분 초		
	/	설명글	피아노	분 초		
사후	/	이야기글	안데르센	분 초		
	/	설명글	어린이 교통사고	분 초		

※ 참고: 아동이 100어절의 글감을 끝까지 읽기 어려워하면 <제한 시간을 1분으로 두고> 평가할 수 있습니다.

사전·사후 이야기글

교사용

"시작!"이라고 하면 제목부터 읽게 합니다.

안데르센

　미운 오리 새끼, 성냥팔이 소녀, 눈의 여왕, 인어공주, 완두콩 다섯 알. 이 동화들의 공통점은 무엇일까요? 모두 한스 크리스티앙 안데르센이 지은 동화라는 점입니다. 안데르센은 지금으로부터 약 200년 전, 덴마크의 아주 가난한 집에서 태어났습니다. 안데르센은 그 동네에서 가장 못생긴 아이였다고 합니다. 못생겼다고 친구들에게 놀림도 많이 받았습니다. 그렇지만 안데르센은 그때의 아픔을 기억하고 '미운 오리 새끼'라는 동화를 썼습니다. 자신을 그 동화 속의 주인공인 새끼 오리라고 생각했습니다. 자신이 지금은 못생겼어도 결국 백조처럼 멋진 사람이 될 것이라고 믿었습니다. 그리고 안데르센은 열심히 많은 동화를 썼습니다. '성냥팔이 소녀'라는 동화도 안데르센이 엄마의 이야기를 듣고 상상하여 쓴 동화라고 합니다. 힘들더라도 끝까지 노력한 안데르센은 세계에서 가장 유명한 동화 작가가 되었습니다.

사전 평가	평가일: 　월　일	사후 평가	평가일: 　월　일
걸린 시간	_____분 _____초	걸린 시간	_____분 _____초
정확도	100 - [틀린 어절 수_____ 어절] = _____%	정확도	100 - [틀린 어절 수_____ 어절] = _____%

1분당 정확하게 읽은 어절 수(WCPM) 구하는 방법	$\dfrac{\text{정확하게 읽은 어절 수}}{\text{걸린 시간(초)}}$ × 60 = _____

사전·사후 이야기글

학생용

안데르센

미운 오리 새끼, 성냥팔이 소녀, 눈의 여왕, 인어공주, 완두콩 다섯 알. 이 동화들의 공통점은 무엇일까요? 모두 한스 크리스티앙 안데르센이 지은 동화라는 점입니다. 안데르센은 지금으로부터 약 200년 전, 덴마크의 아주 가난한 집에서 태어났습니다. 안데르센은 그 동네에서 가장 못생긴 아이였다고 합니다. 못생겼다고 친구들에게 놀림도 많이 받았습니다. 그렇지만 안데르센은 그때의 아픔을 기억하고 '미운 오리 새끼'라는 동화를 썼습니다. 자신을 그 동화 속의 주인공인 새끼 오리라고 생각했습니다. 자신이 지금은 못생겼어도 결국 백조처럼 멋진 사람이 될 것이라고 믿었습니다. 그리고 안데르센은 열심히 많은 동화를 썼습니다. '성냥팔이 소녀'라는 동화도 안데르센이 엄마의 이야기를 듣고 상상하여 쓴 동화라고 합니다. 힘들더라도 끝까지 노력한 안데르센은 세계에서 가장 유명한 동화 작가가 되었습니다.

사전·사후 설명글

교사용

"시작!"이라고 하면 제목부터 읽게 합니다.

어린이 교통사고

어린이 여러분, 한 해 동안 수많은 어린이 교통사고가 일어납니다. 어린이 교통사고에는 몇 가지의 특징이 있습니다. 여러분이 이 특징을 알면 교통사고를 예방하는 데 도움이 될 것입니다. 먼저, 교통사고가 자주 일어나는 장소는 횡단보도입니다. 횡단보도는 신호만 잘 지키면 안전하다고 생각하기 쉽습니다. 그렇지만 횡단보도로 도로를 건너는 중에 많은 사고가 납니다. 그래서 횡단보도에서는 먼저 멈추고, 반드시 살펴보고 건너는 것이 필요합니다. 다음으로, 교통사고가 많이 일어나는 시간은 주로 오후 4시부터 6시입니다. 이 시간은 도로에 차가 많고, 해가 져서 어두워지는 시간입니다. 그러므로 늦지 않게 집으로 돌아가는 것이 더 안전합니다. 마지막으로 가장 위험한 행동은 바로 무단횡단입니다. 초등학생 교통사고에서 절반 이상이 무단횡단이라고 합니다. 무단횡단은 절대 하지 말아야 합니다.

2
10
17
27
33
41
49
56
64
73
81
88
94
100

사전 평가	평가일: 월 일	사후 평가	평가일: 월 일
걸린 시간	_____분 _____초	걸린 시간	_____분 _____초
정확도	100 - [틀린 어절 수 _____ 어절] = _____ %	정확도	100 - [틀린 어절 수 _____ 어절] = _____ %

1분당 정확하게 읽은 어절 수(WCPM) 구하는 방법	$\dfrac{\text{정확하게 읽은 어절 수}}{\text{걸린 시간(초)}} \times 60 = $ _____

사전·사후　설명글

학생용

어린이 교통사고

　어린이 여러분, 한 해 동안 수많은 어린이 교통사고가 일어납니다. 어린이 교통사고에는 몇 가지의 특징이 있습니다. 여러분이 이 특징을 알면 교통사고를 예방하는 데 도움이 될 것입니다. 먼저, 교통사고가 자주 일어나는 장소는 횡단보도입니다. 횡단보도는 신호만 잘 지키면 안전하다고 생각하기 쉽습니다. 그렇지만 횡단보도로 도로를 건너는 중에 많은 사고가 납니다. 그래서 횡단보도에서는 먼저 멈추고, 반드시 살펴보고 건너는 것이 필요합니다. 다음으로, 교통사고가 많이 일어나는 시간은 주로 오후 4시부터 6시입니다. 이 시간은 도로에 차가 많고, 해가 져서 어두워지는 시간입니다. 그러므로 늦지 않게 집으로 돌아가는 것이 더 안전합니다. 마지막으로 가장 위험한 행동은 바로 무단횡단입니다. 초등학생 교통사고에서 절반 이상이 무단횡단이라고 합니다. 무단횡단은 절대 하지 말아야 합니다.

확인하기 문제 정답

1단원	1일차	2일차	3일차	4일차	5일차	6일차	7일차	8일차	9일차	10일차
쪽수	13	15	17	19	21	23	25	27	29	31
답 1, 2번	1, 1	1, 1	1, 1	2, 1	1, 2	1, 1	1, 1	2, 1	1, 1	2, 1

2단원	11일차	12일차	13일차	14일차	15일차	16일차	17일차	18일차	19일차	20일차
쪽수	37	39	41	43	45	47	49	51	53	55
답 1, 2번	1, 2	1, 2	1, 1	2, 2	1, 1	2, 1	1, 1	1, 2	1, 2	1, 1

3단원	21일차	22일차	23일차	24일차	25일차	26일차	27일차	28일차	29일차	30일차
쪽수	61	63	65	67	69	71	73	75	77	79
답 1, 2번	2, 2	1, 1	2, 1	1, 1	1, 2	2, 1	2, 2	1, 1	1, 1	1, 2

모든 아이들이 즐겁게 읽을 수 있기를!

저자

배움찬찬이연구회는 좋은교사운동 산하 전문모임으로 학교 현장의 교사가 중심이 되어 기초학력을 전문적으로 연구하고 실천하고 있다.

일러스트

정수현은 경인교육대학교대학원에서 미술교육을 전공했다. 인천의 초등학교에서 아이들을 가르치는 현직 교사이자 아이들을 위한 그림책 『완전 멋진 나』의 저자이다. 그림으로 아이들의 배움에 도움을 주려고 노력하여 『읽기자신감』, 『찬찬한글』, 『따스함』, 『영어자신감』의 일러스트를 그렸다.

참 잘했어요!

1	2	3	4	5
6	7	8	9	10
11	12	13	14	15
16	17	18	19	20
21	22	23	24	25
26	27	28	29	30